I0070991

DISCOURS

PRONONCÉ LE 10 DÉCEMBRE 1853,

A LA RENTRÉE SOLENNELLE

Des Conférences des Avocats stagiaires,

PAR

M. P. TIMBAL,

BÂTONNIER DE L'ORDRE DES AVOCATS PRÈS LA COUR IMPÉRIALE
DE TOULOUSE.

TOULOUSE,

IMPRIMERIE DE GALMETTES ET COMPᵉ,

Rue des Balances, 43.

—

1853.

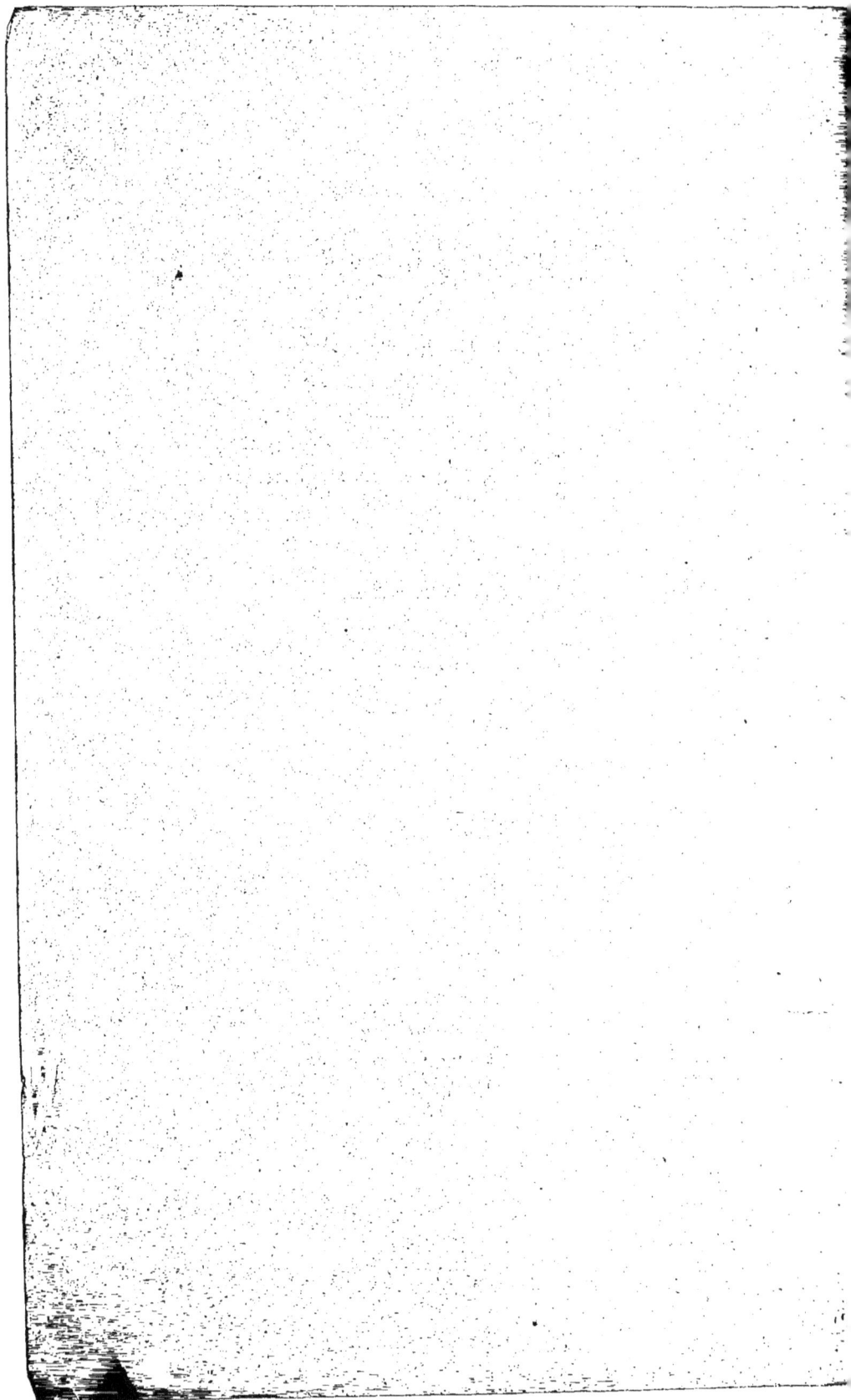

DISCOURS

PRONONCÉ LE 10 DÉCEMBRE 1853,

A LA RENTRÉE SOLENNELLE

Des Conférences des Avocats stagiaires,

<small>PAR</small>

M. P. TIMBAL,

<small>BATONNIER DE L'ORDRE DES AVOCATS PRÈS LA COUR IMPÉRIALE DE TOULOUSE.</small>

TOULOUSE,

IMPRIMERIE DE CALMETTES ET COMPe,

Rue des Balances, 43.

—

1853.

DISCOURS

PRONONCÉ LE 10 DÉCEMBRE 1853,

A LA RENTRÉE SOLENNELLE

Des Conférences des Avocats stagiaires.

MES CHERS CONFRÈRES,

La solennité de cette séance, le concours des plus hauts dignitaires de la magistrature et des anciens de l'ordre, sont un témoignage non équivoque du vif intérêt que nous portons, tous, au jeune barreau.

C'est qu'en effet, Messieurs, vous êtes appelés, pour la plupart, à nous remplacer dans l'arène judiciaire; et les anciens prennent plaisir à connaître par anticipation leurs successeurs, à scruter leurs talents précoces, à les encourager de leur vieille expérience : c'est que quelques-uns d'entre vous désirent entrer dans la magistrature; et les chefs éminents qui la représentent aiment à s'éclairer sur leur mérite, à suivre leurs progrès successifs, et à solliciter les faveurs du gouvernement pour les plus dignes.

C'est vous dire, Messieurs, que cette réunion est une fête de famille dont l'honneur vous appartient; c'est vous dire que nous sommes tous impatients d'entendre vos délégués, ceux qui ont mission, aujourd'hui, de porter en votre nom la parole;

C'est vous dire, enfin, que je serai bref dans les observations que la dignité, dont vos anciens ont bien voulu me revêtir, m'impose l'obligation de vous soumettre.

Je n'ai nul besoin de vous entretenir de la dignité de notre ordre, de son importance dans la société, de ses droits; je ne pourrais que reproduire bien faiblement ce que d'autres voix plus éloquentes que la mienne, ce que les magistrats les plus éminents ont dit avant moi, lorsqu'ils ont représenté notre ordre : « *Comme aussi ancien que la magistrature, aussi no-* » *ble que la vertu, aussi nécessaire que la justice* [1] ; »

Lorsqu'ils ont défini l'avocat : « *L'homme libre des* » *entraves qui captivent les autres hommes, trop fier* » *pour avoir des protecteurs, trop obscur pour avoir* » *des protégés, sans esclave et sans maître; ce serait*

---

[1] D'Aguesseau; Mercuriale de 1689 sur l'indépendance de l'avocat.

» *l'homme dans sa dignité originelle, si un tel homme*
» *pouvait encore exister sur la terre* [1]. »

Mais il m'appartient, mes chers Confrères, de vous
apporter le tribut de mon expérience, de vous indiquer les moyens qui me paraissent les plus sûrs pour
que vous puissiez parcourir utilement la noble carrière que vous avez embrassée, et justifier les espé-
rances que nous sommes tous heureux de concevoir
sur votre avenir.

Ces moyens, je les résume en ces quelques mots :

Assiduité à nos conférences ;
Etudes fortes et solides ;
Assistance à nos audiences.

L'histoire de nos conférences, Messieurs, vous est
connue ; leur origine remonte à des temps déjà bien
éloignés de nous. Primitivement, le barreau de Paris,
seul, jouissait de cette inappréciable institution. Chacun sait qu'en 1772, dans une séance de rentrée, le
jeune Henrion de Pansey, devenu depuis si grand
comme jurisconsulte et comme magistrat, prononça
l'éloge remarquable de Dumoulin. Chacun sait qu'en
1786 et dans les mêmes circonstances, Bonnet prononça le gracieux et spirituel discours qu'il intitula :
Les trois Ages de l'Avocat. La conférence de Paris s'est

----

[1] Henryon de Pansey ; Vie de Dumoulin.

toujours montrée digne de sa glorieuse origine ; et c'est avec un bien vif intérêt que nous lisons, chaque année, les discours prononcés par les jeunes stagiaires que les suffrages de leurs confrères ont appelé à cet honneur.

Mais pourquoi m'appesantirais-je sur les succès de la conférence de Paris ? La nôtre n'a-t-elle pas déjà ses gloires ? Chacun de nous n'a-t-il pas conservé le souvenir des discours qu'il a entendus dans cette enceinte, des éloges de Malesherbe, de Laviguerie, de Romiguière, et de tant d'autres qu'il serait superflu de rappeler ?

Une pensée encourageante pour vous, Messieurs, se présente à mon esprit : parcourez les rangs du barreau ; jetez un coup-d'œil sur la magistrature : ceux qui, dans l'une ou l'autre de ces carrières, ont obtenu un succès réel et précoce, sont ceux qui ont brillé du plus vif éclat dans vos conférences, ceux auxquels vous avez confié l'honneur de porter, en votre nom, la parole dans nos séances de rentrée.

Ah ! c'est qu'en effet, Messieurs, nos conférences constituent un exercice bien utile, de nature à développer les facultés de votre esprit, à vous donner la conscience de vos forces, à vous faire pressentir votre destinée, à la faire pressentir surtout aux anciens de l'ordre qui ont le bonheur de vous écouter. Grâce aux leçons des habiles professeurs de notre faculté de

droit, vous arrivez parmi nous avec des notions gé-
nérales, aussi approfondies *que le temps a pu vous le
permettre*, sur les diverses études que doit embrasser
notre profession. Mais ces études, il faut les compléter,
les perfectionner. Ce n'est pas tout que de concevoir la pensée, il faut l'émettre. L'homme le plus
intelligent, le plus instruit, éprouve une timidité
naturelle lorsqu'il s'agit de se produire au-dehors.
Cette timidité disparaît graduellement dans vos conférences privées, d'ailleurs si utiles, et auxquelles nous
ne saurions donner assez d'encouragement. Mais il
faut un plus puissant véhicule pour donner à la pensée
son libre essor, pour la dégager des langes qui l'en-
vironnent, pour lui donner tout son éclat. Ce véhicule, c'est la conférence publique, composée de tous
les stagiaires, présidée par le chef de l'ordre, et à
laquelle assistent avec bonheur vos anciens, lorsqu'ils
peuvent se dérober aux occupations du palais.

Oh! c'est alors, Messieurs, qu'une noble émulation
vous anime. Vous comprenez la nécessité d'être dignes
de vous-mêmes dans l'émission de votre pensée; votre
argumentation est puissante, votre style est clair,
précis, sans exclure l'élégance.

Pour réunir ces inappréciables avantages qui constituent l'orateur, *dicendi peritus*, vous comprenez plus
que jamais la nécessité de fortes études. Par la va-
riété même des questions agitées dans la conférence,

vous pouvez vous convaincre qu'il n'est pas une science qui soit étrangère au barreau : il doit embrasser tour-à-tour l'histoire, la philosophie, la littérature, l'économie politique, les beaux-arts.

Permettez-moi surtout, mes chers Confrères, de vous soumettre une observation qui doit dominer sans cesse les discussions qui s'agiteront entre vous dans cette enceinte. Gardez-vous de vous traîner péniblement sur un texte de loi. Scrutez-en l'esprit. Pour le bien saisir, compulsez les discussions qui l'ont préparé au Corps-Législatif. Ce n'est pas tout ; comparez ce texte avec les législations antérieures, pour savoir si le législateur a voulu les confirmer ou les modifier. Ce n'est pas tout encore ; étudiez les mœurs de l'époque, les circonstances civiles ou politiques qui ont pû et dû influer sur la législation. Ce n'est qu'ainsi que vous comprendrez sainement la loi. Ce n'est qu'ainsi que vous élevant à la hauteur de l'historien, du philosophe, du législateur, vos discussions seront larges, profondes, et de nature à jeter les plus vifs éclairs de lumière sur votre esprit et votre intelligence.

Mais ce n'est pas tout, Messieurs, que de suivre avec assiduité nos conférences, que de vous livrer aux études nécessaires pour leur faire produire le résultat que nos désirons tous. Il est encore un autre exercice non moins utile, que je dois recommander

à votre attention : c'est de suivre le barreau. Voilà
votre école d'application, comme l'a dit judicieusement
un de nos plus illustres confrères, une des premières
gloires de la magistrature [1].

Là , Messieurs, vous verrez naître, grandir, se
développer les procès. Vous apprécierez les difficultés
de l'attaque et de la défense. Vous érigeant modes-
tement en juges du camp, vous profiterez des succès
obtenus par vos anciens ; vous éviterez les fautes, les
omissions, les imperfections qu'ils auraient pu com-
mettre ; car aucun d'eux n'a la folle présomption
d'être et de se croire infaillible.

Là, vous verrez les talents les plus divers : l'un
brille au barreau par l'éloquence la plus large, la
plus entraînante ; l'autre par la diction la plus pure,
par l'argumentation la plus puissante et la plus variée ;
un troisième par le coloris et la richesse du style,
par la hauteur de la pensée, par les aperçus histo-
riques et philosophiques dont il enrichit ses plaidoi-
ries ; d'autres enfin, par leur intelligence des affaires,
par leur exposition claire, lucide des faits du procès,
par leurs discussions tantôt légères, tantôt profondes,
suivant la nature des intérêts qui leur sont confiés.

Scrutez ces genres divers ; interrogez consciencieu-

_____

[1] Dupin aîné ; Discours d'ouverture de la conférence de Paris
du 1er décembre 1829.

sement la nature de votre esprit ; découvrez celui de ces genres qui s'assimile le plus avec vous, et puis marchez, marchez courageusement dans la carrière, profitant des qualités de l'un, évitant les défauts de l'autre, ayant toujours pour but d'atteindre autant que possible le degré qui constitue la perfection de notre état.

La fréquentation de nos audiences aura pour vous, mes chers confrères, un avantage bien plus précieux : celui de vous indiquer comment vos anciens entendent et pratiquent les devoirs de notre profession : car ce n'est pas tout d'être *vir peritus ;* il faut encore être *vir bonus*, pour compléter la définition de l'avocat donnée par Caton.

Vous verrez vos anciens étudier consciencieusement leurs procès ; car ils savent la grande responsabilité qui pèse sur leur tête, lorsque la défense de la vie, de l'honneur, de la fortune de leurs concitoyens leur est confiée ; responsabilité d'autant plus grande, qu'ils ne relèvent que de leur conscience, quand il s'agit d'apprécier s'ils ont rempli leurs devoirs d'une manière complète.

Vous les verrez soutenir les intérêts de leurs clients avec une loyauté parfaite ; n'émettant aucun fait qui ne soit vrai, ou qui ne soit affirmé comme tel par leurs clients ; évitant de la manière la plus scrupuleuse de servir d'organe au dol et à la fraude ; facilitant à la justice les moyens de découvrir la vérité ; en un mot, n'oubliant jamais qu'ils ne sont pas institués pour égarer, mais pour éclairer les magistrats.

Ne perdons pas de vue, Messieurs, les paroles naïves d'Etienne Pasquier dans ses conseils à son fils :

« *Tout l'artifice que j'entends vous donner, c'est de* » *ne pas user d'artifice. Je veux que vous soyez* preu- » d'homme ; *quand je dis ce mot, je dis tout.* »

Ne perdons pas de vue aussi, Messieurs, ces paroles parfaitement vraies d'un de nos confrères de la capitale [1].

« *Le caractère de l'avocat gagne presque autant de* » *procès que son talent ; et jamais le talent, à lui* » *seul, n'a donné ce qu'il y a de véritablement désira-* » *ble dans notre état : l'estime de nos confrères et la* » *confiance des magistrats.* »

Vous verrez, Messieurs, comment vos anciens entendent l'indépendance du barreau, si mal comprise par les gens du monde, et sans laquelle cependant le droit de défense ne serait qu'un mensonge.

Elle ne consiste pas à s'insurger aveuglément contre le pouvoir, à se permettre l'injure ou des insinuations plus ou moins blessantes contre nos adversaires. Loin de nous un tel langage ; il serait indigne de notre profession, il la ravalerait au-delà de toute

[1] Boinvilliers, discours de rentrée du 2 décembre 1848.

mesure ; *non probris, sed rationibus decertandum.* Mais lorsque nous sommes convaincus de la justice des intérêts qui nous sont confiés , n'examinons pas quel est notre adversaire , s'il est puissant par la richesse ou par les honneurs dont il est revêtu , ou même par la considération publique dont il se pare. S'il a failli à l'honneur , s'il a tendu un piège coupable à celui dont les intérêts nous sont confiés , s'il a attenté à sa vie , à son honneur, à sa fortune, s'il a jeté le deuil et la désolation dans sa famille, arrachons courageusement le masque dont il a voulu se couvrir, dévoilons hardîment , énergiquement , toutes ses turpitudes. Qu'aucune crainte, qu'aucune considération ne nous arrêtent ; qu'une sainte indignation nous inspire ; que nous fassions passer dans l'âme des magistrats la conviction qui nous oppresse.

Un grand orateur l'a dit [1] : « C'est par le cœur » qu'on est éloquent, et le cœur ne vibre que sous la » juste estime de soi-même..... Les émotions profondes, » la parole ferme et pénétrante ne partent que d'une » âme loyalement inspirée , loyalement convaincue : » seules elles sollicitent puissamment et entraînent » la raison et la conscience du juge. »

Voilà , voilà la véritable indépendance du barreau. Que nos détracteurs la dédaignent ; demain peut-être ils

[1] Berryer, discours de rentrée du 9 décembre 1852.

seront obligés d'y recourir et d'en solliciter les bienfaits.

En suivant nos audiences, Messieurs, vous verrez comment vos anciens entendent l'une des plus vieilles règles de notre ordre, celle principalement à laquelle il doit son lustre et son éclat : je veux dire le désintéressement. Vous les verrez plaider la cause du pauvre avec plus de zèle, plus de dévouement, s'il est possible, que celle du riche. Vous vous convaincrez ainsi que le législateur moderne a commis une aberration bien grande, s'il a cru innover, en publiant la loi de l'assistance judiciaire. Cette loi était déjà dans nos mœurs, dans nos plus vieilles traditions; elle n'a eu en réalité qu'un résultat: celui de moraliser nos lois fiscales, en les forçant de sacrifier leurs exigences à la pauvreté et à la misère.

Pourquoi faut-il, Messieurs, que le législateur, en reconnaissant ce qu'il y a de grand, de noble, de généreux dans notre profession, en nous imposant même ces vertus comme un devoir, ait cru, en nous frappant d'une patente, pouvoir faire descendre cette même profession au rang de celles qui n'ont d'autre objet que la spéculation et le lucre?.... Espérons, Messieurs, que mieux éclairé, il fera disparaître cette tache qui affecte péniblement notre ordre, qui choque ses idées, ses mœurs, ses traditions, sa dignité.

Enfin, Messieurs, votre assiduité aux audiences aura pour vous un dernier avantage, non moins pré-

cieux que ceux que je viens d'énumérer : c'est de
vous mettre en rapport avec la magistrature, c'est de
vous mettre à même d'apprécier d'une part les qualités éminentes qu'elle apporte sur le siège, et de
l'autre son urbanité, sa bienveillance pour le barreau.

Vous la verrez, Messieurs, écouter la défense
avec un religieux respect, user du droit d'interrup-
tion en matière civile, comme en matière criminelle,
avec un judicieux discernement, laisser toujours à
l'avocat comme au justiciable la conviction que la
cause a été parfaitement comprise, dédaignant ces
théories modernes qui matérialisant tout, réduisant
tout à une question de chiffres, voudraient assimiler
la justice à une machine dont on scrute, dont on
compte mathématiquement les pulsations, se pénétrant
toujours de cette haute pensée, puisée dans la conscience comme dans nos plus vieilles traditions : qu'il
vaut encore mieux bien juger, que beaucoup juger.

La magistrature n'a jamais perdu de vue, Messieurs, qu'ainsi que le disait le grand d'Aguesseau,
elle avait la même origine que le barreau. C'est dans
les rangs du barreau que de tout les temps s'est re-
crutée la magistrature.

Aussi, Messieurs, les magistrats, comme vos anciens au barreau, accueillent avec bonheur vos pre-
miers débuts. Comme nous, ils vous encouragent dans
le cours de votre pénible et difficile carrière. Juges

impartiaux des mérites divers qui se produisent devant eux, ils les exaltent aux yeux de leurs justiciables, ils appellent sur eux la confiance du public et des hommes d'affaire; et quand l'avocat, après des travaux longs et laborieux, est parvenu à l'apogée de son talent, ils s'honorent de ses succès et de ses gloires, comme si ces succès et ces gloires émanaient de la magistrature elle-même; tant il est vrai que la magistrature et le barreau forment un lien indissoluble, qu'ils grandissent de concert et sont entraînés aussi quelquefois par les mêmes orages.

A l'œuvre donc, mes chers Confrères, appelez à vous toute l'activité de votre âme et de votre intelligence. N'oubliez pas ces paroles simples, mais bien vraies de Loisel : « *L'état d'avocat désire son homme* » *tout entier;* » celles non moins naïves de Laroche Flavin : « *La vocation des avocats guérit les gens de* » *paresse, parce que estre avocat ou se lever matin sont* » *deux choses inséparables.* »

Mais aussi, comme aiguillon, comme stimulant, n'oubliez pas non plus ces autres paroles de Loisel : « *il y a place pour tous dans le fertile champ du* » *palais.* »

C'est qu'en effet, Messieurs, une heureuse expérience nous prouve qu'il n'est pas de mérite réel qui ne se fasse jour au barreau.

Un grand orateur l'a dit : « Le barreau n'a jamais

» fait faute à qui s'y consacre avec le sentiment des
» devoirs, l'amour du travail, un talent, du savoir.
» Il y a autant de places diverses, qu'il y a de di-
» versité dans les esprits et dans les facultés de
» l'homme. Je ne sais pas d'exemple d'un mérite vé-
» ritable qui ait apparu sur le tard ; vos confrères
» qui vous connaissent, les juges qui vous écoutent,
» l'intérêt des plaideurs qui cherchent des appuis, ne
» tardent pas à mettre en lumière l'homme de droi-
» ture et de capacité [1]. »

Nous tous qui vous avons précédé dans la carrière,
Messieurs, nous sommes *enfants de nos œuvres* et nous
pouvons vous certifier l'exactitude de ces paroles si
encourageantes pour vous, de nature à relever votre
courage, s'il venait à faiblir un instant dans le cours
de votre pénible et laborieuse carrière.

En terminant, mes chers Confrères, permettez-
moi de vous exprimer ma gratitude pour les suffrages dont vous m'avez honoré en me plaçant à la tête
de l'ordre. Je sens tout le prix de l'honneur que vous
m'avez fait ; je connais tous les devoirs qu'il m'impose.
Je n'ai pas sans doute pour les remplir, les talents de
ceux qui m'ont précédé ; mais j'ai le sentiment de la
dignité de notre ordre, de ses droits, de ses devoirs,
et j'ai la ferme conviction qu'il n'y sera porté aucune
atteinte, tant que j'aurai l'insigne honneur de marcher
à votre tête.

[1] Berryer, discours de rentrée du 9 décembre 1852.

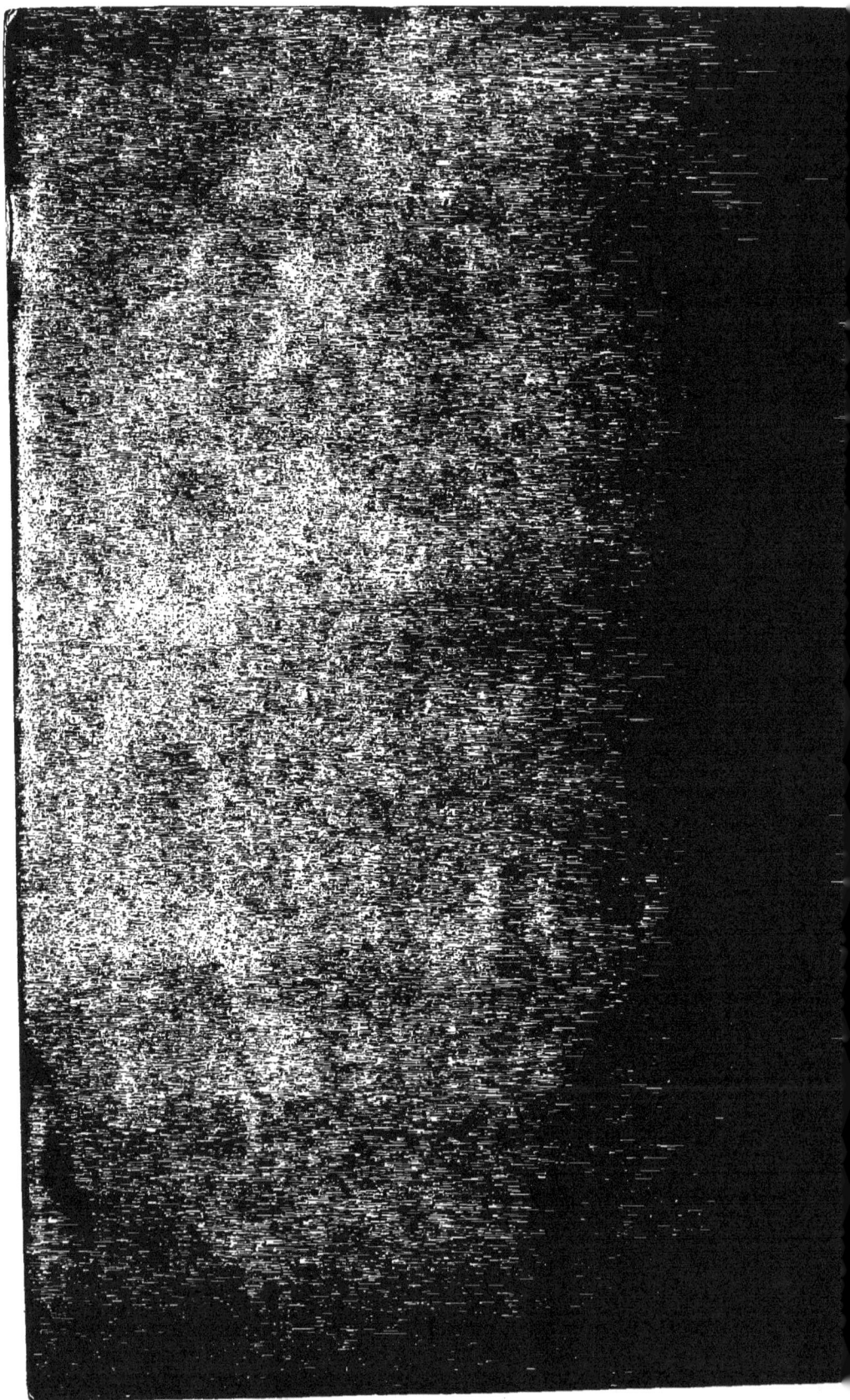